하나님은 누구를 사랑하실까?

하나님은 누구를 사랑하실까?

두 돼지 이야기

필 비셔 글 | 저스틴 제라드 그림 | 정모세 옮김

Ivp

IVP(InterVarsity Press)는
캠퍼스와 세상 속의 하나님 나라 운동을 지향하는
IVF(InterVarsity Christian Fellowship)의 출판부로
생각하는 그리스도인을 위한 문서 운동을 실천합니다.

Sidney & Norman: A Tale of Two Pigs
Copyright © 2006 by Phil Vischer
This edition is published in agreement with the author,
c/o Creative Trust Literary Group, Brentwood, TN, U.S.A.
through rMaeng2, Seoul, Republic of Korea.
All rights reserved.

This Korean translation edition © 2020 by Korea InterVarsity Press
156-10 Donggyo-Ro, Mapo-Gu, Seoul 04031, Republic of Korea.

이 한국어판의 저작권은 알맹2 에이전시를 통하여
저자와 독점 계약한 IVP에 있습니다.
신 저작권법에 의하여 한국 내에서 보호받는 저작물이므로
무단 전재와 무단 복제를 금합니다.

사랑하는 아내 리사에게

어느 조용한 동네, 한적한 거리에
두 돼지가 살고 있었습니다.

하지만 그들은 시끄럽게 꿀꿀거리거나
구정물에 코를 박고 식사를 하지는 않았습니다.
이 이야기는 그런 이야기가 아니니까요.
그들은 정장을 차려 입고 직장에 일하러 다니는
그런 돼지였습니다.

그들은 바로 옆집에 사는 이웃이었지만
서로의 이름조차 알지 못했습니다.

오른쪽 집에는 노먼이 살고 있었습니다. 노먼은 아주 착하고 훌륭한 돼지였습니다. 규칙을 지키고 열심히 일하는 것이 노먼에게는 언제나 쉬운 일이었지요. 남들이 보기에도 그랬고요. 노먼의 집은 항상 깔끔하게 정돈되어 있었습니다. 노먼은 언제나 최고의 모습을 보여 주었답니다. '가난한' 이들을 위해 기부도 했고, 일요일에 교회를 빼먹는 일도 결코 없었지요.

노먼이 어렸을 때, 선생님들은 노먼을 아주 예뻐했습니다. 그리고 어른이 된 지금, 노먼은 회사에서 사장님의 신임을 듬뿍 받고 있습니다. 노먼은 하나님도 자기를 아주 좋아하시리라 확신했지요. 어쨌든 노먼은 정말로 착하고 훌륭한 돼지였으니까요.

노먼은 누구나 자기만큼 착하고 훌륭한 돼지가 될 수 있다고 생각했습니다.
조금 더 열심히 노력하기만 한다면요.

그런데도 왜 더 열심히 노력하지 않는지 이해할 수 없었지요.

왼쪽 집에 사는 돼지는 시드니였습니다. 시드니에게는 술술 풀리는 일이 별로 없었습니다. 규칙이라든가 제도라든가 일정이라든가 하는 것들을 따라잡기란 그리 만만치 않았지요. 어떤 때는 제법 잘해 나가고 있다고 생각했지만, 금세 '이런! 또 실수를 했네' 하고 실망할 때가 많았습니다.

시드니는 언제나 약속 시간에 10분씩 늦었고, 아무리 공을 들여도 넥타이를 반듯하게 맬 수 없었습니다. 옆집에 사는 이웃과는 반대로 말이지요.
'음… 그 친구 이름이 뭐였더라?'

학교에 다닐 때 시드니는 말썽을 일으켜서 선생님들을 실망시켰습니다.
회사에서는 사장님을 짜증나게 만들었고요.

시드니는 하나님이 시드니를 지켜보고 계시다는 것을 알았고, 분명히 하나님도 자기에게 실망하셨을 거라고 생각했습니다. 하지만 누구보다도, 시드니에게 실망한 것은 시드니 자신이었습니다. '왜 모든 일이 이렇게 어려운 거지? 왜 나는 옆집에 사는 그… 누구였더라… 아무튼 그 친구처럼 해낼 수 없는 걸까?'

시드니는 어딘가 고장이 난 것 같은 기분이었어요.
어떤 날은 아침에 일어나기조차 힘들었지요.
그리고 어떤 날은, 실제로 일어나지
못한 날도 있었답니다.

시드니는 지각하기 일쑤였고, 노먼은 항상 아침 일찍 집을 나섰기 때문에, 그 둘이 서로 마주치는 일은 드물었습니다. 시드니와 노먼이 각자 자기에게 온 편지를 가지러 동시에 나온 10월의 어느 날 아침 같은 때가 아니라면요. 유난히 화창한 아침이었지요.

평소에 시드니는 노먼과 마주치면 아래를 내려다보는 척하면서 슬쩍 집 안으로 들어갔습니다. 노먼이 자기의 비뚤어진 넥타이나 부스스한 머리, 가방 바깥으로 반쯤 삐져나온 서류들을 빤히 쳐다본다고 생각했거든요. 시드니는 자신이 여러모로 엉망이라서 노먼이 자신을 깔보고 있을 거라고 생각했습니다. 시드니가 엉망이란 점은 사실 대부분 맞는 말이긴 했지만요.

그러나 이날 노먼은 시드니의 넥타이를 보지 않았고, 시드니도 눈길을 다른 데로 돌리지 않았습니다. 왜냐하면 둘 다 자기 앞으로 배달된 작은 하늘색 편지 봉투를 쳐다보고 있었기 때문이죠. 하나는 노먼에게 온 것이고, 다른 하나는 시드니에게 온 것이었습니다. 흐음. 누가 이 둘을 파티에 초대하기라도 한 걸까요?

누가 편지를 보냈는지 궁금해진 두 돼지는 서둘러 봉투를 열어 보았습니다. 노먼은 "노먼에게"라고 편지 첫머리를 읽었고, 시드니는 "시드니에게"라고 읽었습니다. 그다음에는 이런 내용이 있었어요. "다음 주 화요일 편한 시간에 엘름가 77번지로 나를 만나러 와 주길 바란다. 너에게 하고 싶은 말이 있단다."

노먼과 시드니는 편지의 아랫부분을 빤히 쳐다보았습니다. 거기에는 이렇게 쓰여 있었습니다. "마음을 담아, 하나님이."

시드니와 노먼은 자신이 편지를 제대로 읽었는지 확인하려고 그 초대장을 읽고 또 읽었습니다. '하나님이 내게 하실 말씀이 있다고? 화요일에? 엘름가에서?'

시드니는 갑자기 안절부절못했어요. 마음 깊숙한 곳에서 아주 익숙한 감정 하나가 떠오른 것입니다. 시드니가 어린 돼지였을 때, 선생님은 시드니를 교장실로 보냈습니다. 그때 느꼈던 감정이 시드니를 휩쌌습니다.
공포. 식은 땀. 난 이제 끝장이야!

노먼은 싱긋 웃었습니다. 노먼도 익숙한 감정이 하나 떠올랐거든요.
노먼이 어린 돼지였을 때, 노먼은 상을 타러 전교생 앞에 나갔습니다.
그때의 감정이 노먼의 가슴속에 벅차올랐습니다.
기대. 행복. 그 뿌듯함이란!

시드니는 초대장을 현관문 안쪽에 테이프로 붙여 놓았습니다. 이번에는 잃어버리지 않으려고요. 노먼은 수첩에 약속 사항을 깔끔하게 적어 놓았지요.

그날 밤은 두 돼지 모두 쉽게 잠들지 못했습니다.
그 이유는 아주 달랐지만요.

화요일이 됐습니다. 노먼은 일찍 일어나서, 옷을 차려입고, 손에는 하늘색 봉투를 단단히 챙겨 들고 거리로 나섰습니다. 그제야 잠에서 깬 시드니는 창문 너머로 노먼이 나가는 걸 보고서는 얼른 샤워를 하러 갔고요.

노먼은 몸을 쭉 펴고 자랑스러운 듯 걸었습니다. 거리에 있던 다른 돼지들은 그날 아침 노먼이 평상시보다 조금 더 꼿꼿하게 걷는 것을 알아차렸습니다. 그리고 조금 더 많이 우쭐대면서 말이지요. 노먼의 머리는 단정하게 빗겨 있었고, 넥타이는 흠 잡을 데 없이 반듯하게 매여 있었습니다. 거리에 있는 다른 누구보다도 훨씬 더 반듯했지요. '분명 하나님도 좋아하실 거야.'

목적지에 도착하자, 노먼은 안으로 들어가 안내 책상에 있는 여성분께 근사한 목소리로 인사를 건넸습니다. 그녀는 노먼에게 긴 복도를 지나 육중한 나무 문을 열고 커다란 방으로 들어가라고 알려 주었습니다. 방에 들어간 노먼은 하나님이 아주 거대한 책상 앞에 앉아 계신 것을 보았습니다. 그 광경에 노먼은 조금 긴장이 되었어요. 하지만 이내 이렇게 생각했답니다. '내가 긴장할 일이 뭐가 있담?' 노먼은 착하고 훌륭한 돼지였으니까요.

하나님은 책상을 돌아서 걸어오시더니,
기대감에 부풀어 있는 노먼에게 미소를 지으셨습니다.
"네가 와 줘서 기쁘구나." 하나님은 따뜻하게 말씀하셨지요.
"너에게 몇 가지 하고 싶은 말이 있단다."

"첫째로," 하나님이 말씀하셨어요. "나는 너를 사랑한단다."
노먼은 빙긋이 웃었습니다. 별로 놀랄 만한 일이 아니었거든요.

"둘째로, 네가 착하고 훌륭하기 때문에 내가 너를 사랑하는 건 아니란다."
노먼은 조금 놀랐습니다. 하나님이 그런 말씀을 하실 줄은 정말
몰랐으니까요.

"셋째로," 하나님은 계속해서 말씀하셨습니다. "너는 네가 생각하는 것만큼
착하고 훌륭하지 않단다. 너는 교만에 빠져 있어. 이기적이기도 하고.
다른 돼지들이 너만큼 일을 잘 해내지 못한다고 깔보고 있잖니."

하나님은 조금 슬퍼 보였어요. "나는 너를 사랑하는 만큼 다른 이들도
사랑한단다. 내가 사랑하는 이들을 네가 무시하지 않았으면 좋겠다."

하나님은 다시 빙그레 웃으시고는 그분의 책상으로 돌아가 앉으셨습니다.
"네게 이런 것들을 말해 주고 싶었단다."

노먼은 침을 꿀꺽 삼켰습니다. '이게 상이야? 이게 칭찬이란 말이야?' 혼란에 빠진 노먼은 그대로 몸을 돌려, 긴 복도를 지나 안내 책상을 지나쳐 거리로 달려 나왔습니다. 노먼은 충격을 받았습니다. 현기증도 약간 느꼈지요.
'하나님이 나한테서 잘못을 발견하셨단 말이야? 내가 얼마나 착하고 훌륭한 돼지인데!'

노먼은 넥타이가 조금 삐뚤어진 것을 발견하고 얼른 바로잡았습니다.
'내가 완벽하지는 않지만, 최소한 저기 노란 윗옷을 입은 친구보다는 더 낫잖아. 저기 파란 옷을 입은 남자보다도 확실히 낫고 말이야. 솔직히 말해서, 이 거리에 있는 누구보다도 더 낫다고!'

그 순간 노먼은 깨달았습니다. 자기가 다른 돼지들을 깔보고 있다는 것을요. 바로 지금! 바로 이 자리에서! 하나님이 말씀하신 대로였어요. 노먼은 자기가 어제도 그랬고, 그저께도 그랬다는 것을 알아차렸습니다. 적어도 하루에 스무 번 이상! 노먼의 얼굴이 점점 뜨거워졌어요. '하나님 말씀이 맞아! 나는 나밖에 몰라! 나는 교만해!'

난생처음으로, 그 착하고 훌륭한 돼지는 자신이 무척이나 나쁜 돼지였다는 사실을 마주 대해야 했습니다. 자신이 '착하고 훌륭하다'는 교만이 바로 노먼의 잘못이었습니다! 노먼은 손으로 얼굴을 감싼 채, 단정한 양복에 눈물을 흩뿌리면서 집으로 달려갔습니다.

시드니는 옆집에 사는 노먼이 돌아오는 것을 창문을 통해 봤습니다. 그리고 충격을 받아 완전히 얼어붙고 말았습니다. '아니, 울고 있잖아?' 시드니는 숨을 쉴 수가 없었어요. '아, 이런. 오, 제발. 저런 친구가 하나님을 만나고서 저 정도라면… 으윽, 나는 끝장이야!'

손이 너무 떨려서, 시드니는 한 번 더 넥타이를 매만져야 했습니다. '반듯하게 매기가 왜 이렇게 어려운 거지? 도대체 모자는 어디 있는 거야? 당연히 모자걸이에는 없을 테고. 이런, 소파 아래에 있잖아.' 모자를 손에 든 채로, 시드니는 하늘색 봉투를 문에서 떼어 낸 후 집을 나섰습니다.

새 한 마리가 즐겁게 노래하고 있었지만, 시드니는 그 소리가 들리지 않았습니다. 태양이 찬란하게 빛나고 있었지만, 시드니는 그것도 보이지 않았습니다. '아, 끝장이야.' 시드니는 생각했습니다. '정말 끝이라고.'

시드니는 무거운 발걸음으로 인도를 따라 터덕터덕 걸었습니다. 갑자기 학교로 돌아간 것 같았지요. 한 꼬마 돼지가 고개를 푹 숙인 채 교장실로 향하는 긴 복도를 걸어가고 있었습니다. 손은 땀으로 축축해졌고, 심장은 빠르게 고동쳤습니다.

'난 이제 끝장났어.'

'하나님은 내가 어떤 녀석인지 대번에 알아차리실 거야.'
시드니는 이런 생각을 하면서 엘름가로 접어들었습니다. '내가 얼마나
엉망인지, 내가 얼마나 실수투성이인지, 내 모든 걸 다 꿰뚫어 보실 거라고.'
곧 시드니는 목적지에 도착했습니다. 최대한 천천히 걸었는데도 벌써
도착하고 말았지요.

시드니는 안으로 들어갔습니다. 안내 책상에 있는 여자분께 뭔가 말하려고
했지만 아무 말도 할 수가 없었습니다. 그녀는 미소를 지으며 시드니에게
손짓으로 복도 끝 육중한 나무 문으로 들어가라고 알려 주었습니다.
시드니는 침을 꿀꺽 삼켰습니다.

어느새 시드니는 문 앞에 서 있었습니다. 시드니는 어디론가 달아나고
싶었어요. 아니면 어디에든 숨고 싶었지요. 하지만 달아날 곳도 없었고,
숨을 만한 데도 보이지 않았습니다. 그래서 모자를 벗어 손에 쥐고는,
문을 열고서 슬그머니 방 안으로 들어갔습니다. 거기에는, 책상 너머로,
하나님이 계셨어요.

시드니는 다시 한번 침을 꿀꺽 삼켰습니다.

"네가 와 줘서 기쁘구나." 하나님은 웃음 지으며 말씀하셨습니다. 시드니는 무언가 대답을 하려고 했지만, 숨조차 제대로 쉴 수 없었습니다.

"네게 할 말이 있단다." 책상을 돌아 나오며 하나님이 말씀하셨습니다.
시드니는 긴장이 되어 눈을 어디에 둬야 할지 몰랐습니다. '만약 내가 용서를 구한다면….'

"첫째로," 하나님이 말씀을 시작하셨습니다. "나는 너를 사랑한단다."

시드니는 깜짝 놀랐습니다. '이게 무슨 말이지?'

"둘째로," 하나님은 좀더 나지막하게 말을 이으셨죠.
"나는 너를 사랑한단다."

시드니는 모자를 꽉 움켜쥐고 있던 손에서 조금은 힘을 뺄 수 있었습니다.

"그리고 셋째로…."
하나님은 잠시 말씀을 멈추시더니, 시드니에게 아주 가까이 다가서셨습니다.
"나는 너를 사랑한단다."

하나님의 온화한 눈빛이 시드니를 발가락 끝까지 따뜻하게 만들었습니다.
"네게 이 말을 해 주고 싶었어." 하나님은 여전히 미소를 띤 얼굴로 이렇게 말씀하시면서 책상 자리로 돌아가셨어요.

시드니는 한동안 얼어붙은 것처럼 꼼짝 못 하고 서 있었습니다. 그러다 하나님이 말씀을 마치신 것을 깨닫고는, 몸을 돌려 재빨리 방에서 빠져 나왔답니다.

"거 참 이해할 수 없어." 거리로 나온 시드니는 그제야 큰 소리로 말할 수 있었지요. "하나님이 나를 잘못 보신 것 아니야? 내가 누군지 모르시나 본데?" 그럴 리는 없었습니다. 그때 시드니에게 이런 생각이 떠올랐습니다. '아, 알았다! 오늘 내 모습에 하나님이 완전히 속으신 거야!' 시드니는 거리에 있는 다른 돼지들을 바라보며 웃음 지었습니다. "그래, 틀림없어. 그 중요한 순간에 나는 착하고 훌륭하게 보였던 거야. 그리고 하나님이 그걸 곧이 믿으신 거지!"

바로 그때 시드니는 상점 유리창에 비친 자신의 모습을 보았습니다. 머리카락이 헝클어져 있었습니다. 넥타이는 평소처럼 삐뚤어져 있고, 커다란 치약 얼룩이 묻어 있었습니다. 시드니의 얼굴에서 웃음기가 싹 사라졌죠.
'그렇지, 그럴 리는 없지. 내가 누구를 속일 수 있겠어? 전혀 그렇게 안 보이는걸.'

시드니는 혼란스러웠습니다. 이제는 오직 한 가지 가능성이 남아 있을 뿐이었지요. '음… 하나님이… 나를 사랑하신다고?! 나 같은 녀석을?! 뒤죽박죽 엉망진창인 나를?!' 시드니는 하나님의 눈동자에서 보았던 따뜻함이 마음속에서 다시 솟아오르는 것을 느꼈습니다.

그날 거리에 있던 다른 돼지들은 자기들이 본 어딘지 모자라 보이는 작은 돼지에 대해 두고두고 이야기했을 거예요. 그 돼지의 얼굴이, 뭐랄까, 환하게 빛나고 있었기 때문이죠. 집으로 돌아오는 내내, 시드니는 자기가 느낀 것을 다른 모두에게 어떻게 설명할 수 있을까 적절한 단어를 생각해 보았습니다. 그러나 시드니가 발견한 것은 자기 눈에서 조용히 흐르는 눈물뿐이었습니다. 행복한 눈물이었지요. 행복한 눈물이 끝없이 펑펑 솟아났습니다.

다음 날, 화창하고 상쾌한 10월 아침에 두 돼지가 현관문을 열고 밖으로 나왔습니다. 그리고 서로를 쳐다보았지요. 왼쪽 집에서 나온 시드니라는 이름의 돼지는, 그날따라 전보다 조금 더 키가 커 보였는데, 이웃집 돼지의 단정한 넥타이와 말끔한 옷차림을 보았습니다. 그러곤 밝게 미소 지었어요.

오른쪽 집에서 나온 노먼이라는 이름의 돼지도, 평소보다 살짝 덜 우쭐대는 것처럼 보였는데, 이웃집 돼지의 비뚤어진 넥타이와 헝클어진 머리를 보았어요. 그러곤 밝게 웃었습니다. 진짜 웃음이었지요. 마음속 깊은 데서 우러나오는 그런 웃음 말이에요. 노먼이 아주아주 오랫동안 웃어 보지 못했던 그런 웃음이었습니다.

시드니와 노먼은 좋은 친구가 되었습니다. 가끔 노먼은 아침에 잠에서 깰 때, 자기도 모르게 우쭐한 기분이 드는 날도 있었습니다. 그때마다 노먼은 엘름가 77번지에서 배운 것을 다시 떠올렸습니다. 그러면 으쓱하던 마음이 금방 사라졌지요. 그리고 다시 진심으로 웃을 수 있었습니다.

그리고 시드니는… 이전만큼은 아니지만 여전히 뒤죽박죽인 자신이 부끄러웠습니다. 그리고 아침에 과연 제때 일어날 수 있을지 확신하지 못하는 날도 적지 않았지요.

하지만 그런 날들 중 어떤 날, 만약 여러분이 시드니의 집 창문 밖을 우연히 지나게 된다면, 이렇게 말하는 시드니의 목소리를 들을 수 있을 거예요.

"첫째로, 하나님은 나를 사랑하셔.

    둘째로, 하나님은 나를 사랑하셔.

        그리고 셋째로…,

            하나님은 나를 사랑하셔."

시드니가 들어야 할 중요한 말은
바로 이것이었습니다.

이 책에 관하여

나는 지난 몇 년간 깨달은 단순한 진리를 전하기 위해 이 이야기를 썼다. 어떤 사람들은 자신이 하나님의 기준에 못 미친다는 점을 되새길 필요가 있는 것 같다. 그들은 말하자면, 양심을 일깨워 줘야 하는 사람들이다. 반면 어떤 사람들은 정말이지 그럴 필요가 전혀 없다.

나는 노먼과 같은 사람이다. 규칙을 지키는 것은 항상 대체로 손쉬운 일이었다. 그리고 그 결과, 나는 항상 착한 아이로 통했다. 선생님들은 나를 좋아했다. 교회 어른들도 나를 좋아했다. 착하게 사는 것, 적어도 착하게 보이는 것이 내게는 하나도 어렵지 않았다. 칭찬받을 만한 행동이면 하고, 곤란해질 것 같은 행동이면 피했다. 식은 죽 먹기였다. 그 결과, 나는 하나님이 나를 사랑하신다는 개념을 진지하게 고민할 필요 없이 받아들이고 있었다. 사실, 정말 솔직히 말하자면, 아마도 마음 깊은 곳으로 나는 그럴 자격이 있다고 생각했던 듯하다.

반면에, 내 아내 리사는 시드니다. 규칙, 체계 잡기, 시스템… 이런 것들은 모두 따라잡기 어려웠다. 리사는 착한 아이처럼 보이고 싶었지만, 마음 깊은 곳에서는 그게 단지 시늉에 불과하다는 점을 알았다. 그것은 허세였고 눈속임이었다. 리사는 자신이 정말로 어떤 사람인지 알고 있었고, 다른 사람이 그것을 발견하여 창피를 당하는 일이 없기를 간절히 바랐다.

그리고 나와 리사는 결혼을 했다! 나는 리사의 결점과 분투들을 보았고, '하나님이 보낸 전령'으로서 리사의 결점들을 모두 지적하여 리사가 그런 점들을 해결할 수 있도록 돕는 게 내 의무라고 판단했다. 그리고 나는 그렇게 했다. 리사는 열심히 노력했다. 하지만 내가 리사의 단점들을 더 지적할수록, 리사는 자신의 단점을 빨리 깔끔하게 고치는 일에 더 자주 실패했다. 그리고 더욱더 자주 좌절감과 부끄러움을 느꼈다. 그러던 어느 날 리사는 자신이 다시 일어날 수 있을지조차 확신할 수 없게 되었다.

이러한 궁지에서, 우리는 둘 다 하나님의 진리의 말씀을 들어야 했다. 그러나 우리에게 필요한 하나님의 진리는 우리 둘이 서로 다른 만큼이나 아주 다른 것이었다. 내가 하나님께 들어야 했던 말씀은 이랬다. "너는 자기가 의롭다고 생각하는 오만한 허풍선이다! 너는 네가 정말로 내 기준에 맞게 살고 있다고 생각하는 것이냐?" 정말 그랬다. 성령님은 온전함과 거룩, 하나님의 기준에 대한 여러 성경 구절을 통해 그리고 리사와의 관계에서나 다른 사람과의 관계를 통해 내가 그랬다는 것을 확실히 받아들이게 해 주셨다.

하나님이 나의 교만과 그 교만이 내 주위 사람들에게 미치는 영향을 내게 보여 주셨을 때, 나는 너무나 아파서 울고 말았다.

리사의 경우에는, 하나님의 기준에 모자란다느니 하는 말을 들을 필요가 없었다. 리사 스스로 평생 동안 그 점을 매일 되새겨 왔기 때문이다. 리사는 그저 하나님 품에 안겨서 그분이 하시는 말씀, "첫째로, 나는 너를 사랑한단다. 둘째로, 나는 너를 사랑한단다. 셋째로, 나는 너를 사랑한단다. 결점까지 포함해서 네 모든 것을 말이야"라는 말씀을 들을 필요가 있었다.

여러분에게 들려줄 깜짝 놀랄 만한 소식이 있다. 그것은 바로, '착한 돼지'란 없다는 사실이다. 나는 수많은 노먼을 만났고, 수많은 시드니를 만났다. 그리고 나는 여기서 우리는 모두 깨지고 상한 데가 있다고 말하고자 한다. 우리 중 일부는 그런 점을 숨기는 데 매우 능숙하지만 솔직히 말해 그 사실은 우리 모두에게 상황을 더 악화시킬 뿐이다. 만일 당신이 나처럼 노먼이라면, 제법 근사한 가면을 내려놓는 게 낫다. 당신이 어떤 사람들을 영원히 속일 수도 있고, 모든 사람을 잠시 속일 수도 있겠지만, 한 순간이라도 하나님을 속일 수는 없다. 당신의 잘못을 보여 주시기를 하나님께 구하라. 그리고 당신에 대한 사람들의 평가를 좋게 또는 나쁘게 만들 수 있는 것들에만 민감한 것이 아니라, 하나님의 모든 계명에 민감한 '새로운 마음'을 창조해 달라고 간구하라. 그리고 당신 삶의 시드니들에게 솔직히 털어놓으라. 분명히 말하건대, 착한 돼지의 반듯한 일상은 사랑을 받기 위한 근거가 되지 못한다.

만일 당신이 시드니라면, 하나님이 당신을 도우셔서 부끄러움과 좌절의 목소리가 잦아들고 그 대신 "나는 너를 사랑한단다. 나는 너를 사랑한단다. 나는 너를 사랑한단다"라는 하나님의 조용하고 온화한 음성에 귀 기울이게 해 달라고 간구하라. 그리고 브레넌 매닝과 같은 사람들이 쓴 책을 읽으면 좋겠다. 내가 스스로 의롭다고 생각하는 허풍선이의 길에서 떠나는 법을 잘 알고 있듯이, 그들은 자기를 미워하는 일에서 떠나는 법을 잘 알고 있다.

"우리가 아직 죄인이었을 때에, 그리스도께서 우리를 위하여 죽으셨다." 이 말은 복음의 아름다움을 잘 보여 준다. 우리는 모두 깨지고 상한 데가 있다. 우리는 모두 엉망진창인 데가 있는 돼지들이다. 우리가 그 점을 인정할 때, 우리는 하나님이 우리에게 의도하신 새로운 피조물이 될 준비가 된 것이다. 그리고 그때부터 신나는 일이 시작될 것이다!

이 책을 자녀들에게 읽어 주려면

언뜻 보기에는 양복을 차려입은 두 마리 돼지에 관한 책에서 어린이에게 딱히 어울릴 만한 내용은 없다 싶겠지만, 나는 이 책이 어린이들에게 적절하다고 생각한다. 아이들이 이 책에서 이야기하는 주제들을 구체적으로 의식하고 있지는 않을지 모르지만, 사실 아이들은 학교에서, 교회에서, 또래 아이들과 만나는 여러 모임에서 매일 그런 상황에 둘러싸여 있다. 상이나 칭찬 같은 것들을 많이 받는 아이들이 있고, 그런 것들과는 영 거리가 먼 아이들이 있다. 우리 아이들이 선생님이나 어른들로부터, 그리고 심지어 가장 선한 의도를 지닌 부모로부터 받는 메시지들은 아이들을 교만에 이르게 하거나 좌절에 이르게 할 수 있고, 또한 스스로 의롭다고 생각하거나 자기 자신에게 실망하도록 몰아갈 수 있다.

그렇다면 우리는 어떻게 해야 할까? 우리 아이들에게 이 이야기에 나오는 단순한 진리를 이야기해 주어야 한다. 하나님은 노먼이 받는 상이나 칭찬 때문에 노먼을 조금이라도 더 사랑하지 않으시며, 하나님은 시드니의 모자란 점 때문에 시드니를 조금이라도 덜 사랑하지 않으신다는 진리 말이다. 하나님의 사랑은 우리가 하는 일에는 전혀 아무런 영향도 받지 않는다. 하나님은 그저 우리를 사랑하신다. 이 책이 아이들에게 전하는 메시지는 이것이다. "네 삶이 칭찬으로 가득 채워져 있든 꾸중으로 가득 채워져 있든 상관없이, 네가 모든 시험에서 100점을 맞든 아무리 열심히 해도 60점밖에 못 맞든 상관없이, 하나님은 너를 똑같이 사랑하신단다. 바로 그 이유 때문에 그분은 너를 위해 죽으셨고, 지금이라도 기꺼이 그렇게 하실 분이란다."

우리 어른들은, 아이들의 가치가 그들이 행한 일에 달려 있지 않다는 점을 아이들에게 보여 주기 위해 부단히 노력하는 것이 필요하다. 아이들에 대한 당신의 사랑을 그들이 막 이룬 일과 연결 지어서는 안 된다. 그리고 그들이 실패한 일과 연결 지어서도 안 된다. 만일 우리의 어린 노먼들이 그들의 능력을 평가하는 새로운 시험을 만날 때마다 그 시험이 그들의 가치를 결정하는 힘을 지닌다고 믿는다면, 우리가 아이들의 성공을 칭찬할수록 아이들의 삶은 불행해질 것이다. 누구도 이를 원치 않을 것이다. 만일 당신의 자녀에게 성공이 손쉬운 일이라면, 그 아이가 자신이 해낸 일 때문이 아니라 그저 자기 자신으로서 사랑받고 있음을 알고 있는지 확인할 필요가 있다. 자녀가 아무 이룬 것이 없을 때에도 자신이 소중한 존재임을 분명히 알게 해야 한다. 그리고 노먼의 타고난 재능이 어떻게 노먼으로 하여금 재능을 덜 타고난 다른 돼지들을 깔보게 만들었는지를 짚어 주라. 겸손이 없다면, 능력은 아주 추한 것이 될 수 있다.

일을 잘 해내는 데 어려움을 느끼는 아이들, 즉 숙제로 칭찬을 받기보다는 숙제를 빼먹기 일쑤인 아이들, 수업 종이 치면 가장 마지막에 교실로 들어가는 아이들의 경우에는, 그냥 그들을 사랑하라. 물론 아이들의 취약한 영역을 계발시켜 주고, 아이들이 자신의 독특한 장점을 확인하도록 도와야 한다. 그러나 다른 무엇보다도, 당신의 사랑이나 용납을 아이들이 행한 일과 연결시키지 말아야 한다. (그리고 당신 자녀에게 '시드니'니 '노먼'이니 하는 꼬리표를 달아서도 안 된다. 모든 아이들은 태생적으로 자신의 시드니 영역과 노먼 영역을 지니고 있다. 이른 시기에 붙여진 꼬리표는 자기실현적 예언이 되어 아이들을 그 꼬리표대로 자라게 만들 수 있다.) 대신에, 아이들의 하루의 시작과 끝에 꼭 이렇게 말해 주라. "첫째로, 나는 너를 사랑한단다. 둘째로, 나는 너를 사랑한단다. 그리고 셋째로, 나는 너를 사랑한단다." 아이들에게 무척이나 힘겨운 날이었을 때에도 그렇게 하라. 그리고 아이들에게 무척이나 힘겨운 날이었을 때 특히 그렇게 하라.

그들이 자라면서, 하나님의 눈동자에서 그분의 조건 없는 사랑을 발견하는 것이 훨씬 쉬워질 것이다. 아이들이 이미 우리 눈에서 그런 사랑을 발견했다면 말이다.

하나님은 누구를 사랑하실까?

초판 발행_ 2020년 1월 13일

지은이_ 필 비서
그린이_ 저스틴 제라드
옮긴이_ 정모세
펴낸이_ 신현기

펴낸곳_ 한국기독학생회출판부
등록번호_ 제313-2001-198호(1978.6.1)
주소_ 04031 서울시 마포구 동교로 156-10
대표 전화_ (02)337-2257 팩스_ (02)337-2258
영업 전화_ (02)338-2282 팩스_ 080-915-1515
홈페이지_ http://www.ivp.co.kr 이메일_ ivp@ivp.co.kr
ISBN 978-89-328-1745-3

ⓒ 한국기독학생회출판부 2020

책값은 뒤표지에 있습니다.
무단 전재와 복제를 금합니다.